Des mots pour ton silence

Luc Simard

ÉDITIONS ANNE SIGIER

Édition:	Éditions Anne Sigier Inc. 2299, boul. du Versant-Nord Sainte-Foy, Qc. G1N 4G2
Composition:	Caractéra Inc.
Page couverture:	Michel Massicotte
Dépôt légal:	4e trimestre 1985 Bibliothèque Nationale du Québec Bibliothèque Nationale du Canada
ISBN:	2-89 129-062-3

À Dieu qui, en créant les hommes, créa les mots pour Le dire.

**«Longtemps j'ai gardé le silence;
je me suis tu, je me suis contenu.
Je gémis comme celle qui enfante,
je suffoque, je cherche mon souffle.»**
(Isaïe 42, 14)

Écrire pour sauver la vérité. Pour réveiller du sommeil les consciences qui ne s'émerveillent plus.

Mon ministère encore jeune m'apprend quotidiennement que le Verbe est venu sauver les mots et l'expérience humaine dans la totalité de son histoire. Chaque être est unique. Fondamentalement et irrémédiablement seul. Et c'est avec cette singularité et cette solitude que, jour après jour, chacun construit son bonheur. Aux prises avec un quotidien qui nous retient jusqu'au cou et qui pourtant nous échappe.

Subtile cohabitation de la joie et de la souffrance. Du désir de la sainteté et des pulsions de l'égoïsme. De la quête de l'invisible et des attraits irrésistibles du visible. Percevoir le chemin qui mène à la Vie et se laisser pourtant séduire par les beautés passagères mais combien attirantes du parcours.

L'homme de toujours est le même en son mystère. Torturé entre cet absolu qui le hante jour et nuit et cette terre qui l'invite de toutes parts à freiner ou à interrompre sa course.

J'ai voulu être le témoin des hommes et des femmes d'ici, d'ailleurs et de partout. Qui me ressemblent tant dans leurs interrogations essentielles et dans les voies qu'ils empruntent pour parvenir tant bien que mal au bonheur et à la paix.

Si Dieu s'est fait homme, c'est qu'Il accepte que l'homme, avant de parvenir à lui, expérimente intimement tous les impératifs de la condition humaine. Dieu est venu sauver tout l'homme. Corps et âme. Chair et esprit.

Comment désirer Dieu si l'on ne fait pas un jour et souvent l'expérience à la fois profonde et permanente de ses limites d'homme?

Comment goûter l'illimité si l'on ne vit pas la déception et la fragilité de la rencontre humaine?

Comment trouver l'Amour sans se buter aux souffrances et aux désenchantements de l'amour d'ici?

Ce recueil est éminemment humain. Surgi de terre. J'ai voulu laisser battre mon coeur au rythme de ma vie. De ses angoisses. De ses échecs. De ses désirs. De ses luttes. De son enfance. De sa foi.

J'ai écrit au nom de ces hommes et de ces femmes qui n'écrivent pas mais qui, au fond, me ressemblent tant dans leur recherche d'absolu. Tant mieux si quelques-uns se retrouvent dans ces lignes et éprouvent le goût de continuer à vivre malgré tout et d'aller plus haut vers la Lumière.

Des mots pour ton silence. Sorte de confession de ma foi d'homme en un Dieu qui se laisse désirer et aimer ici et maintenant. Sorte de baume sur la souffrance secrète, tapie tout au fond de l'être, et qui ne peut mener qu'à la véritable joie. Comprenne qui pourra.

Luc Simard

La meilleure poésie ne s'écrira jamais. Elle est silence.

Sans mot. Sans parole. Intérieure à soi. Antécédente à tout. Bien inférieure aux visions qui la provoquent et la font s'exprimer en mots. Jamais les visions du poète — si extraordinaires soient-elles — ne rendront adéquatement les réalités qu'elles veulent exprimer. La poésie est au-delà des mots. La poésie atteint le sommet de sa révélation quand elle ose se taire devant l'immensité du silence qui s'étale soudainement à ses yeux.

Un silence plein. Un silence à la jonction du visible et de l'invisible. Un silence chargé de significations ouvertes. Un silence à la fois un et multiple. Un silence vital. Un silence essentiellement créateur.

«Et le Verbe s'est fait chair.» Christ est le grand poète. Le poète par excellence. L'éternel poète de l'éternelle poésie. Le poète qui redonne vie à tout ce qui est perdu. Les sourds entendent. Les aveugles voient. Les muets parlent. Les lépreux sont purifiés. Les boiteux marchent. Les adultères sont pardonnés. C'est dans le silence du désert et de la montagne que s'inspire et renaît sans cesse la poésie du Christ.

La poésie du silence. Voilà ce qu'il est urgent d'apprendre.

★

La vie du Christ est un poème que nous craignons de lire comme il faut. Nous en sautons des lignes quand nous risquons trop notre vie. Comment alors prétendre bien comprendre le poème? Il est trop court pour ne pas le lire jusqu'à se donner pour l'autre. Continue. Tu as bien lu.

Oser dire la vérité
Toute la vérité
Jusqu'à l'intolérance des mots.

★

Ô folie folle enfile follement les fantasmes des fous.

★

L'avoir est à l'être comme le regard à la lumière.

★

Liberté! L'écrire avec le sang de nos veines.

LIBÉRER L'HOMME

Ma vie est un cri parmi les sourds
qui n'entendent que la conformité des choses
Monotone refrain d'une romance chauve
où rien de neuf ne pousse plus

Stérile complaisance d'un passé qui refuse le présent
J'ai beau dire j'ai beau faire
personne n'endosse jamais mes rêves
Refus global d'oser lever l'envers des choses

Vérité acquise une fois pour toutes
Immuable décor d'une terre sans levure
Incapacité d'aller au-delà de la norme
Il faudrait si peu pourtant pour rejoindre l'ailleurs

Ma vie est un poème qu'on brûle
sans l'avoir ni vu ni lu
Comme un pestiféré qu'on fuit
alors qu'on est plus infect que lui

Horrible cancer en mon coeur putréfié
qui réclame à tue-tête sauver l'altérité
Impossible d'être soi sans que l'autre soit lui
Chercher obstinément partout la lumière qui luit

Je veux vieillir à rajeunir les vérités compromises
au nom d'une prétendue libération du coeur et de l'esprit
Bénir un jour pour de bon les fiançailles d'amour
de l'homme nouveau qui épouse enfin sa liberté

La vigilance. L'urgence de l'attente dont parle si souvent l'Évangile ne peut être que celle de clamer et de promouvoir l'essentiel partout. Seul l'essentiel est à dire. À retenir au fond de soi. Pour ce faire, aucune minute n'est à perdre.

★

«Pierre, m'aimes-tu tendrement?» (Jean 21, 17)

«Zachée, hâte-toi de descendre, car il me faut aujourd'hui demeurer chez toi.» (Jean 19, 5)

«Lévi, suis-moi.» (Marc 2, 14)

«Jésus dit aux disciples: Prenez garde, de peur que vos coeurs ne s'alourdissent.» (Luc 21, 34)

«Je te le dis, Pierre: Un coq ne chantera pas aujourd'hui que par trois fois tu n'aies nié me connaître.» (Luc 22, 34)

«Femme, moi non plus je ne te condamne pas. Va; désormais, ne pèche plus.» (Jean 8, 11)

«Marthe, Marthe, tu te soucies et t'agites pour beaucoup de choses; pourtant il en faut fort peu, une seule même.» (Luc 10, 41-42)

Pérennité de l'aventure humaine. Il me semble que, dans toutes ces situations, le Christ me prénomme personnellement et me parle avec une netteté qui n'a rien perdu de son actualité. Je m'y retrouve tout à fait. Insondable bonté de Dieu qui s'accroche à mort à moi pour me relever de la boue qui m'enlise. Pour que mon coeur et mes yeux se désencombrent et ne poursuivent que Lui. Si Lui, Lumière Éternelle, prit la peine de venir dans le monde, c'est pour chasser à jamais les ténèbres. Rien ne tient plus devant l'éternité de la Lumière.

★

Pâques sans la vie. Je dis non.
Pâques sent la vie. Je dis oui.

Ô loi, sais-tu que tu tues!

★

J'ai vu quelqu'un si sûr de son intégrité qu'il n'en finissait plus de relever les défauts des autres.

★

Un jour
sur les dunes du désert
mes larmes fleuriront.

★

Plein de clés dans mon trousseau
des petites
des moyennes
des grosses

Sauf une...
Celle du Paradis
que j'ai perdue Dieu sait où!

Plein de choses à te dire que je ne te dirai jamais avec des mots.

POUR TOUT DIRE

Mes mots finiront-ils enfin par te traduire
ce que mon coeur ressent si distinctement en lui?
Comme si, à un moment donné, la communication devait se passer des mots pour entrer dans le monde inépuisable du silence.
Le silence. Des mots sans mots.
Dans ses nuits blanches de silence, le Christ a dû éprouver à un degré insurpassable cette impossibilité de traduire en mots le mystère qui envahit l'être de toutes parts.
Comme si les inépuisables ressources du silence n'étaient que les seuls recours possibles.
Les seuls ponts.
Les seuls liens.
À croire que la communication devient trop intense pour que les mots la portent adéquatement.
Les mots cèdent leur puissance d'évocation à l'intarissable fertilité du silence.
Vagissement des visions de l'intérieur.
Je prends quotidiennement mon parti de dire sans paroles.
De révéler sans mots.
De communiquer sans sons.
Inexprimable paradoxe de vouloir user des mots pour se dire à l'autre alors qu'on sent de l'intérieur que les mots seront vains.
Stérilement vains.
Improductifs.
Ou alors ils seront incompris.
Mal reçus, tournés en ridicule.
Plus le temps s'imprime en moi, plus je sens la futilité des mots devant l'essentiel-à-dire.
Et pourtant, je m'obstine encore à trouver des mots.
Des mots incapables.
Des mots inexistants.
Des mots d'ailleurs.
Comme s'il me fallait à tout prix traduire en mots l'intraduisible.
Troublante incapacité de te dire en mots ce qui dépasse les mots.
La parole impuissante à traduire l'essentiel.
La parole handicapée.
La parole à bout de mots.
La parole dénaturée.

Serait-ce alors que la parole pour devenir parole doive se faire silence?
Au bout de ma joie le silence est.
Au bout de ma souffrance naît l'insuffisance des mots.
Discours sans paroles non moins porteur de moi.
Sauras-tu te rendre jusqu'à la nudité de mon silence?
Sauras-tu te retirer du bruit des hommes pour oser écouter un discours tissé de silence?

Écrits en lettres de silence, mes secrets crient leur impatience.

Mourir sans qu'en toi mon silence ait vu le jour.
Mourir sans avoir pu te dire autrement que par des mots ce que les mots ne pouvaient dire.
Vivre sans pouvoir corriger l'image.
Survivre à vouloir en vain porter les mots au-delà des mots.
Au seuil du silence.

Sauras-tu attendre ma patience à bout de temps?
Oseras-tu écouter sans entendre?
Attendre la fin des mots...
L'enfantement du silence...

Ma brûlure trop ouverte t'associe à la nuit.
Sans mots, je te délivre mon silence.
Comme une mer, ses étoiles.
Et la nuit recueille les grappes de mon unicité.

Le jour réveille chaque matin mon espoir que tu sauras enfin pénétrer mon silence.
Chaque jour se lève comme un ultime appel.

Dépasse les mots.
Rejoins mes racines.
Préférerais-tu la surface des êtres à leur profondeur?
N'aie pas peur de l'ombre.
Apprivoise la Lumière.
Approche.
Viens te croiser au-delà des mots.
Hisse-toi aux voiles de mon silence.

Chaque être est à lui-même
ce que la ligne est à l'horizon.

★

Puiser mes mots sous l'écorce de ton silence.

★

Certains mots ne se comprennent que de l'intérieur. Ainsi du verbe «dépouiller» qui enrichit bien plus qu'il n'appauvrit.

★

«Près de toi est la parole, dans ta bouche et dans ton coeur.»
(Romains 10, 8)

Proximité de la Parole. Dans ma bouche et dans mon coeur. Mon coeur frémit à la pensée que la parole sortie de Lui s'exprime par ma bouche. Douce suavité d'un Dieu qui, pour se révéler, emprunte le sommet de la sensibilité humaine.

Premier dimanche du Carême. J'assure la prédication avec une grippe tenace. Je suis presque aphone. Pourtant, l'assemblée semble me suivre mieux qu'à l'ordinaire. Ou aussi bien en tout cas. C'est dire combien la Parole de Dieu est puissante et trouve le moyen de se révéler, peu importe l'état de celui qui l'annonce. La Parole de Dieu est Verbe.

Dans mon homélie, j'ai parlé de nos infidélités, de nos duretés de coeur et de notre indifférence. Je pense avoir été clair. Direct et sans détour, n'ayant pas peur de me compromettre le premier.

Exalter l'inépuisable patience de Dieu. Sa tendresse de toujours à toujours. Je trouve humainement impensable cette association de l'amour de Dieu aux faiblesses et aux péchés des hommes. Impossible, pour le chrétien, de sortir de son péché sans reconnaître que toujours nous devance l'aimant regard de Dieu sans lequel je n'existe plus et me laisse étouffer tout vif par mon angoisse. La Parole de Dieu précède tout en moi et sait tout de moi. Elle me sauve. Le regard de Dieu est le seul qui soit amour, avant, pendant et après mon péché. Le seul qui ne me laisse jamais d'un instant. S'il le faisait, ce serait la mort.

J'apporte toujours beaucoup de soin à préparer mon homélie. Je la donne comme un comédien se confond au personnage qu'il joue. Sauf que, après, il me semble que j'aurais pu faire mieux. Améliorer les interrogations. Être plus incisif. Bref, je constate à tout coup combien mes paroles sont vides et nettement en dessous de la Parole. Après avoir donné l'homélie, il me reste souvent l'impression d'un grand vide intérieur. Celui d'avoir beaucoup donné de moi pour qu'une partie essentielle du message passe. J'ai la sensation d'être encore si loin de la réalité que je voulais un peu traduire et faire percuter dans les coeurs et les consciences.

Je me couche, conscient de n'avoir été encore qu'un serviteur inutile et que demain peut-être, je verrai un peu lever les graines. Sinon, j'aurai au moins tenté de cerner un peu cette Parole qui nous poursuit tous, même les plus apparemment rebelles, et qui, tôt ou tard, finit par nous envelopper d'une tendresse dont on se demande comment on fit pour s'en passer si longtemps.

Plût au ciel que la nuit guérisse mon coeur tout aussi malade que ma gorge de ne pouvoir mieux proclamer la Vérité.

«Si notre coeur nous condamne, Dieu est plus grand que notre coeur.»
(I Jean 3, 20)

Personne ne m'a dit cela encore. Que Dieu seul peut combler éperdument et bien au-delà l'immensité de mon amour. Qu'attendons-nous pour nous jeter en Lui? Savoir où trouver l'apaisement et chercher ailleurs. Le vieil Adam m'habitera-t-il donc jusqu'à ma mort?

★

«Je ressemble à la hulotte du désert,
je suis comme le hibou des ruines;
je veille et je me plains
comme un passereau solitaire sur le toit.» (Psaume 102, 7-8)

Et qui dira que le Psalmiste n'est pas poète?

LE DIEU-POÈTE

La poésie est de Dieu
La poésie est en Dieu
Les mots empruntent son Verbe
L'Amour en est la vêture

Vivre sa solitude sans fin
Toucher l'abîme en son fond
Descendre à pic
Crier pour rien
Exister à peine
Voir venir sa propre mort
En face
Toute proche

Dieu surgit inespérément du chaos
Son Verbe
mouille nos lèvres sèches
inertes

Jadis en Palestine
une femme caressa
de ses cheveux
de ses mains
de ses baisers
le Dieu-Poète
créateur
de sa renaissance
au monde

Extase!
Dieu poétise l'humain

Miracle!
Dieu réhabilite l'enfance

La Poésie est Parole
Verbe de Dieu
À coeur ouvert

La souffrance module en moi comme une fugue de Bach. À l'infini.

★

«Heureux l'homme qui supporte l'épreuve.»
(Jacques 1, 12)

Ce n'est donc point d'hier mais depuis fort longtemps avant moi que la souffrance est liée au bonheur. Sans doute parce qu'il faut bien du temps et beaucoup d'amour avant de comprendre cela et d'en vivre.

★

L'intensité de la joie et de la souffrance ne pourrait-elle se fondre dans l'immensité du silence?

★

Dieu! Si ton nom est amour, l'écho de ton nom est immortel.

Dieu. Ton amour est éternel. Me laisser bercer toute la nuit par ces mots inépuisablement féconds.

★

Il me semble soudainement que les mots sont des serviteurs inutiles. Inutiles et paradoxalement indispensables. Au commencement, point n'était besoin que le Verbe de Dieu se fasse chair. Comme si Dieu, en son Verbe, voulait épouser la condition humaine à ce point qu'il acceptât toutes les médiations inhérentes à la communication humaine. Y compris les mots. Son être — tout de silence — parlait et révélait pourtant à lui seul. Mystère intraduisible de l'impuissance verbale à exprimer la vérité avec tout ce qu'elle a d'incommunicable et de singulièrement secret.

Le Verbe même, avec ses paroles, n'a pu éviter la mort. Il a connu l'incapacité des mots à traduire la vérité. Heureusement, sans bruit ni témoin oculaire, se lève, puissante, la Résurrection. J'aime que le silence entoure et révèle sans mot le grand mystère de notre foi. Un mystère où, en Dieu, l'amour sauve notre humanité. Tout est dit sans mot ni parole.

Communication non-verbale. Nous n'avons rien inventé. Dieu nous précède et nous devance. Amoureusement.

★

Purifier la source à même le regard inquisiteur des mots.

VICTOIRE

Dieu crut tant aux mots
qu'Il s'est fait Verbe
Pourquoi craindre qu'Il ne comprenne jamais nos mots
Son corps d'homme a connu tous nos élans

Dieu crut tant au silence
qu'Il s'est fait enfant
Pourquoi craindre qu'Il ne comprenne jamais nos silences
Son corps de chair a porté l'innocence éternelle

Dieu crut tant à la solitude
qu'Il s'est fait homme
Pourquoi craindre qu'Il ne comprenne jamais nos angoisses
Son coeur transpercé a connu tous les abandons

Dieu crut tant à son Père
qu'Il s'est fait Fils
Pourquoi craindre qu'Il ne comprenne jamais nos liens
Son coeur de Dieu apaise tous les conflits

Dieu crut tant à la mort
qu'Il s'est laissé crucifier
Pourquoi craindre qu'Il ne comprenne jamais nos tourments
Son coeur de sang éponge toutes les tortures

Dieu crut tant à la Vie
qu'Il s'est fait Amour
Pourquoi craindre qu'Il ne comprenne jamais nos doutes
Son coeur-de-Vivant-à-jamais triomphe de tout

«Le souffle en moi s'épuise,
mon coeur au fond de moi s'épouvante» .
(Psaume 143, 4)

Comme ces paroles du Psalmiste au bord de l'abîme me font du bien. Son souffle court et son coeur épouvanté rassurent mes tourments. Le Psalmiste endosserait donc toutes les virtualités de ma pauvre condition humaine? Je le crois de plus en plus. Mais ce qui m'émerveille c'est son oui et son espérance en Dieu, même au plus creux de sa détresse. Voilà de quoi encourager n'importe qui. Mais, dites-moi, vous que ronge l'angoisse, lisez-vous les Psaumes?

★

Je dis «tu» à Dieu avec une inébranlable certitude que je dis vrai pour toujours.

Pourtant, à toi, je te dis «tu» avec la peur aux lèvres. La peur qu'un bon matin, après la nuit, tu ne sois plus là. Serait-ce que nous ne pouvons vraiment dire «tu» qu'à Dieu?

★

Le Verbe seul peut pleinement nous conjuguer.

INCARNATION

Mon coeur est triste
à se crever les veines

Au lieu de nous unir
les mots
nous éloignent
comme la voix perdue
devant l'essentiel-à-crier

Des mots que j'ai filés
filés de toi
filés de moi
filés de nous
entre nous
couverts de silence

Des mots
conçus pour unir
ont fait de nous
des étrangers
des inconnus
qui s'éloignent
en se tournant le dos

Le Verbe est venu
sauver le coeur des mots
à jamais

Le Verbe est venu
sauver le coeur des hommes
à même le coeur des mots sauvés

Les mots du Verbe
des ponts
en forme d'impossible
à teneur d'amour
et d'éternel

Le Verbe immuable
s'est fait chair
chair d'homme
chair de femme
chair d'enfant
éternellement

Le Verbe de toujours
s'est fait Amour
amour des petits
amour des mal-aimés
amour des perdus-d'avance

La Poésie
la vraie
emprunte les mots du Verbe

La Poésie
la seule
incarne le Verbe

★

À ceux qui ne trouvent Dieu nulle part
je réponds toujours qu'ils le cherchent trop loin.

RAPATRIER LA POÉSIE

Accorder harmonieusement
les cordes blessées des mots
Des mots de toujours
qui se suivent parce qu'ils se succèdent
à la vitesse de la lumière

Ma mémoire
un vaisseau de silence
creusé à même la quille des mots

Des visions
impatientes
de communier
migreront chez toi
au centre de toi
au bout de toi
au haut de toi

Poésie
enfantement dans la douleur
accouchement dans la joie
La joie d'oser récupérer
la liberté captive
prisonnière du temps qui tue
du temps qui devient habitude
du temps qui fige
du temps qui ne crée plus

Poésie
libération du coeur qui écrit
ses mémoires comme ils viennent
Comme le vent qui souffle
de partout vers l'ailleurs
infatigable semeur

Poésie
libération du coeur qui lit
sa vie dans la vie d'un autre
ses espoirs dans les yeux d'un autre
ses angoisses dans les luttes d'un autre
Merveilleuse rencontre

Poésie
Élévation
Reconnaissance
Purification
Imprévisible

Poésie
possible de l'impossible

Neuve
jaillie du quotidien

L'envers de l'immuable
la réponse et la question
l'aujourd'hui de l'au-delà

Poésie
Clarté du regard
Pureté de la main
Innocence du coeur
Droiture de la volonté
Vérité de l'intelligence

Poésie
Eau de source
pleine et inachevée
Claire et obscure
Enracinée et transcendante

La Poésie est mystère...

Être seul et pourtant incroyablement habité.

Minuit. L'heure où le jour d'aujourd'hui devient demain.
Comme la joie après la souffrance.

★

«Reste avec nous, car le soir vient et déjà le jour baisse.» (Luc 24, 29)

Plus l'ombre descend, plus on presse l'amour de rester. De ne point partir. Comme si, sans lui, il était impossible de franchir même le seuil de la nuit.

★

Si tu ne te tais jamais
tu ne parleras jamais.

★

Une étoile polaire
une étoile de mer
Et pourquoi pas une étoile de terre?

★

À la lueur des étoiles
au rythme du vent
grisé de soleil
mon amour pour toi s'envole dès l'aube
avec une odeur d'enfant.

★

L'insomnie m'est souvent plus bénéfique que le sommeil. Plus consciente. Plus éveillée. C'est elle qui va bercer mon sommeil au rythme des visions fascinantes de la nuit.

L'insomnie... Comme la mère du sommeil.
Pourquoi ne pas s'en faire une amie?

Le fleuve m'inspire toujours. Sans doute parce que je n'arriverai jamais à toucher son fond. Chaque être est un fleuve dont il faut savoir dépasser la surface sous peine de s'en lasser ou de ne plus s'en émerveiller.

Je pense aussi que la calme surface du fleuve camoufle souvent les déchirements et les déséquilibres qui habitent les profondeurs des eaux. Comme en mon coeur.

★

La Beauté a toujours été pour moi comme une monnaie à deux faces. Splendeur de la vie dont on peut se soûler. Évidence de la mort qui n'échappe à personne.

★

Au soir tombant, la nature au repos a quelque chose qui ressemble à une étreinte.

★

Savourer seul sa solitude saine.

★

J'ai plongé en plein ciel pour danser avec les étoiles qui m'ont étourdi et laissé tomber sur une vague de nuages. De grâce, ne m'éveillez point.

«Dans la paix, moi aussi, je me couche et je dors,
car tu me donnes d'habiter, Seigneur,
seul, dans la confiance.» (Psaume 3, 6)

Quelle vérité réconfortante que celle de notre propre et intraduisible solitude habitée par Dieu. Cette pensée m'apaise. Je ne pourrai jamais correctement la décrire ni la partager. Il s'agit là pour moi d'une habitation de Dieu dans notre solitude unique qui appelle une présence que seul Dieu peut combler. L'humain ne pourra jamais rivaliser avec la plénitude apaisante que procure la présence de Dieu dans le coeur de l'homme.

Là encore, comme pour toutes les grandes vérités qui touchent l'immuable, chacun doit faire sa propre histoire. Expérimenter l'éphémère plaisir du furtif passage de la joie humaine vite disparue.

Dieu apparaît au centre de notre histoire. Il ne peut habiter en nous et laisser déborder sa paix illimitée que lorsque le coeur de l'homme est sec. Avide. Troublé. Alors commence l'aventure d'un Dieu qui s'étale comme un fleuve dans un coeur nu. Tout offert au passage. En quelque temps, ce coeur refleurira.

Si le trouble revenait, il saurait quoi faire. Dépouiller les germes de mort — que l'on a crus un moment capables de nous apporter le bonheur — et faire habiter Dieu en nous plus largement. Plus Dieu nous habite, plus sa paix nous envahit.

★

Assez de silence pour couvrir l'omniprésence du bruit qui m'empêche d'entendre Dieu. Voilà une nécessité vitale.

Paradoxalement, le silence est plus fort que le bruit.

Tout me parle de Toi
Seigneur des splendeurs
comme si l'intraduisible
essentiel-à-dire
s'abîmait dans un silence
qui dirait tout.

★

Se laisser pénétrer par Dieu comme les sillons arides par la pluie nourricière.

★

La nuit me rend plus belles les beautés du jour.
Ainsi Dieu fait-il de l'ennemi mon frère et mon ami.

★

Dans une nature aux éblouissements infinis, Dieu se révèle à mon coeur comme l'écho sans fin du mot Amour.

ILLUMINATION

Je viens du fleuve où, sur les étoiles et par une brise légère, j'ai dévidé le trop plein du jour. Splendeur de goûter seul sa simple joie d'être. Regarder en silence la ville qui respire lentement l'eau calme où la voûte céleste mire ses trésors aux mille feux.

Sentir en soi s'installer l'harmonie si lente à faire pour de bon sa demeure. Chercher dans le zéphyr qui berce mon visage les mots qu'il faut pour traduire le plus adéquatement les émotions si envahissantes de la chair et de l'esprit. Ramener l'équilibre. Colporter avec soi un peu des lumières de la ville apaisée pour tenter de jeter plus de clarté sur sa vie intérieure impatiente d'imprégner tout.

Quelle impression étrange d'envisager la ville au rythme de ceux qui dorment ou s'efforcent de maîtriser les envoûtements de l'ombre. Se parler à soi-même comme à l'ami le plus sûr qu'on ne pourra jamais trouver ici-bas. Correspondance secrète de la ville qui s'est tue avec l'enfant qui commence à parler en soi.

Épouser un moment la permanence de sa propre solitude. Réaffirmer son choix de vivre distinctement et ouvertement sa vie. Purifier son air de vivre.

J'éprouve subitement la sensation bienfaisante de m'enliser dans la nature qui m'environne comme un étranger vite accueilli se sent chez lui. Surgissement de mes racines à ma mémoire brouillée qui se souvient.

Repartir avec les mêmes questions inquiétantes mais repartir plus serein. Neuf. Apaisé. Calme. Comme enveloppé d'un halo de lumière.

CLAIR DE NUIT

Naissance des étoiles
retour de la paix en moi
envahissante
comme mon vrai visage
déridé de ses peurs
à couper le souffle
Chaque jour m'éteint
un peu plus
un peu mieux
en ma terre de cancer
marbrée de fissures en feu
froide clarté d'un soleil noyé
tout est pareil
convenu d'avance
sans nouveauté
ni fantaisie
l'innocence souillée
longueur du jour à soutenir
interminablement

l'envers de la nuit
tue

Ô nuit
aux mille attentes
de mon coeur attendues
fidèle amoureuse des inventions sans nom
berceau des rêves impossibles
ballet du silence en douleur des mots à inventer
rencontre de soi avec sa propre solitude à aimer
frémissement de tendresse retenue qui s'abandonne
fresque du repos à venir sans finir
rythme pacifique d'une nature réconciliée
respiration profonde du cosmos épuisé
tout est neuf

intègre
en attente de vérité
trop court passage de la nuit
qui meurt au jour naissant
impuissante à crever la lumière aveugle
du jour
toujours

l'envers du jour
crée

★

Devant moi, là, s'offrent à mon regard tous les dégradés du bleu d'où les lumières de la ville émergent, tels des stalagmites en feu. Quelles splendeurs!

★

Tant de beautés m'affolaient de toutes parts que je rêvai de me crever les yeux. Heureusement, la splendeur du soleil levant m'a rendu la vue. Je souffrirai encore de voir. Hélas!

★

Besoin de nuit pour affronter le jour
de silence pour parler
de solitude pour partager
de rêve pour créer
de folie pour poursuivre.

HYMNE POUR LE MATIN DE PÂQUES

À tout jamais carillonnent les oiseaux
pour réveiller l'oreille des sourds
pendant que le soleil aux anneaux d'or
sort les aveugles de leur nuit sans aurore

À l'aube Quelqu'un a fait le grand passage
laissant là son linceul blanc à l'odeur d'enfant
comme pour crier dans les ténèbres que la mort est morte
encerclée de faisceaux de lumière en fusion

De la mort surgit la vie sans arrêt
Le cosmos reprend son souffle de départ
Du chaos initial l'harmonie se relève
Immense polyphonie de l'univers empreinte du Ressuscité

Nuit silencieuse où tous les espoirs se sont éteints
avec la pierre du tombeau roulée en force
Rien ne prédisait que sortirait glorieux
son corps sacré meurtri de nos outrages féroces

Dans le secret son Père l'a relevé
pour associer à Lui tout ce qui meurt ici
ultime lieu où l'impossible se fait passage
comme un jour le sein d'une vierge se pare d'or

Mystérieux sépulcre témoin de l'ultime colloque
imprime en mon coeur vacillant l'éclat de ta victoire
nimbée des feux rutilants d'un matin sans fin
où les nuits les plus obscures fondent de clarté

Dimanche. La paix de la nuit qui s'achève s'étire sur la blancheur du jour d'une neige fraîchement tombée. Comme pour inviter à plus de pureté. À plus d'enfance. La Parole de Dieu et son Eucharistie d'aujourd'hui sont déjà là, dans ce jour qui se lève, fort de la paix et de la douceur de la nuit. Omniprésence de Dieu qui aime jour et nuit et qui nous parle d'amour.

★

«Seigneur, ouvre mes lèvres.» Toute la nature semble vouloir réciter Laudes avec moi, dans une prodigieuse louange au Dieu créateur. Mon désir épuisé puise déjà la lumière à même les premiers rayons d'un soleil neuf qui se mire dans les glaces multiformes de mon enfance recréée. Immense conjugaison de mon être avec les moindres balbutiements de la nature en éveil. Bienfaisante sensation de voir se lever l'espoir qu'on croyait enfoui sous les décombres. Joie de la remontée de ses meilleurs élans. Le jour naissant — non imprégné encore du triste affairement des hommes — m'imbibe d'une paix qu'en moi je sens vouloir durer toujours.

★

«Jésus lui dit: Cesse de me toucher, car je ne suis pas encore monté vers le Père.» (Jean 20, 17)

Ici-bas, nous ne sommes faits que pour apprivoiser la vraie Lumière. La seule Lumière. Impossible de la toucher quand notre coeur n'est pas tout à elle. Marie-Madeleine ne s'y est pas encore totalement donnée. Magnifique odyssée de la lumière terrestre pour accéder à la Lumière sans déclin. Celle qu'on pourra à jamais toucher.

★

Ma vie oscille entre l'ombre et la lumière. Trop souvent hélas, je me suis complu dans la pénombre. Il m'aurait suffi d'un dernier effort pour être suavement submergé de lumière.

Je vois bien mieux les yeux fermés.
Pourquoi alors ne dirais-je pas mieux en me taisant?

PRENDRE LE TEMPS

Ne perds pas trop de temps
à apprivoiser les étoiles
ni à danser la cantilène du ruisseau
Il ne t'en restera plus
pour critiquer les autres
ou pour écouter la télé

Ne t'arrête pas trop
sur le chant des oiseaux
ou la caresse du vent
Sur ta mémoire réconciliée
tu ne pourras plus camoufler ta certitude
ni remettre jamais ton masque
ridé de conventions absurdes

Ne te retourne pas
sur la croisée de lumière
d'un enfant en route
On te traitera d'attardé dangereux
qui sacrifie son présent d'homme
au profit d'un enfant égaré
qui veut prendre sa place

Cache-toi bien sous l'ombrelle du présent
ajourée d'étoiles en fête
Oublie enfin d'être pressé
Savoure seul
le bonheur d'être toi

Liberté de l'être sur l'avoir
Primauté du réel sur l'apparence
Éternité du vrai sur le mirage
Victoire du naturel sur l'artifice
Éblouissement du substrat sur l'illusion
Prééminence du soi sur l'image

Puissant magnétisme de l'enfance
à renaître intacte
certitude de l'homme inachevé
colle à ma peau ton empreinte originelle

Tout est à refaire
Surface fardée d'un monde confondu

Est-il donc si difficile de préserver l'enfance

Hantise de devenir trop vite un homme
laissant s'éteindre à petit feu
l'enfant qui luit

Désarmons-nous de nos lourdeurs amères
Quittons nos fausses sécurités
Revêtons l'humilité d'être
Un devenir possible
Sorte de saison-mère
en douleur d'enfanter l'innocence

L'enfant est issu de l'homme
le sang de ses veines
le coeur de son avenir
l'aujourd'hui de son demain

L'enfant enveloppé d'homme
transmue l'inquiétude
en mal d'accoucher l'innocence impatiente

Ensemencer de rêve la raison atrophiée
Noyer de poésie l'habitude infertile
Sauvegarder un passage à l'enchantement du premier regard
Restituer chaque jour la pureté jaillissante
sous les réticences qui cèdent

Ne perds pas trop de temps
à t'émerveiller de tout et de rien
ni à rester trop seul
à t'imprégner de l'odeur du large

Ne perds pas trop de temps
à unifier ton coeur
qui s'obstine à renaître
On finirait par ne plus te reconnaître

Et pourtant tu serais beau
Beau de l'éternelle Beauté
qui veut poindre chaque matin
comme un autre soleil

Si tu prenais le temps...

★

COMMUNION

Me coucher seul
sur le sol brûlant
d'un soleil en fête
pour mieux diffuser la joie

Écouter battre en silence
les veines de la terre
mordorées de rouge, de noir et de blanc
comme un signe de paix

Laisser ruisseler
la pluie du large
sur ma mémoire refaite
à même les rives du temps

Creuser jusqu'à la source
les levers d'espoirs
qui ensemencent de roses d'or
les regards qui naissent

Étreindre le vent du nord
sur les cîmes du désir
là où tout ce qui vit
est pure transparence

★

Assez parlé là-dessus. Commençons notre ménage.
La paix de Dieu est à ce prix.

L'amour est l'éclipse de deux solitudes.

L'amour est le pont des naufragés.

★

Ton silence parachève mes mots.

★

L'amour est si chargé de mots que seul le silence peut le dire.

★

J'ai déroulé l'écorce d'un bouleau. Ce que j'y avais jadis écrit y est encore:«Ne jamais me lasser de toi.» Mais toi, tu n'y es plus.

★

Un caillou tiré dans l'eau me ramène les vagues de ton sourire.

★

Ton parfum: si près de l'odeur du cyprès.

Dans le clin d'oeil d'une aurore boréale, j'entrevois ton visage avec la certitude intérieure qu'il vit encore et qu'il croise le mien. Pourquoi faut-il que la vie sépare ceux qui s'aiment? Je n'ai aucune réponse et celles qu'on me donne ne me satisfont guère. La seule intuition qui parvient à me rassurer un peu est celle de penser que lorsque l'amour entre deux êtres devient trop fort, il bascule dans l'éternité et n'appartient plus à ce monde. Mais, celui qui reste ici, privé de l'autre, souffre en attendant la mort.

★

Ton amour est une étoile filante dont je n'ai qu'à peine ralenti la course. Reviens-moi!

★

J'aime, donc tu es.

★

Croirais-tu que je devine les mots de ton silence?

★

Faire de l'amour une obligation. Quelle aberration!

★

EN AMOUR

Vivre sa solitude entre ciel et terre
comme un immense trésor
qui ne sera jamais connu
ni de personne ni de soi

Vouloir jouir de la vie à s'y perdre
sans savoir trop pourquoi ni comment
Cueillir déjà sa vieillesse au temps des lilas
la mort chaque jour me ravissant une part de vie

Prendre conscience trop tard de mon innocence
pendue au bout de leurs langues perfides
dont les mots maintes fois répétés
agissaient en mon coeur comme un philtre

Si Dieu ne s'était point fait homme
je ne croirais plus à l'amour d'ici
Sous les apparats de la vérité trompée
se lève le hideux mensonge empoisonné

Je crois trop en la vie pour en finir avec elle
mon amour déçu ne s'en remettra jamais
Seul je savoure silencieusement en moi
ces moments de réciprocité que naïvement je croyais vrais

Il en va de l'amour comme d'un étranger en voyage
en passant il se donne à tous et reçoit de tous
Mon malheur vient de croire encore que l'étranger restera
alors que déjà d'autres l'attendent ailleurs

L'amour est un mirage comme la paix en est un autre
impossible certitude d'étreindre l'autre en vérité
même trahi mon coeur veut battre pour un Autre
Immortel désir de relier sa solitude

Tordu en ce qu'il avait de plus secret
mon coeur méfiant suppure encore
malgré sa blessure profonde et vive
en Dieu il veut encore apprendre à se laisser aimer

«J'ai mal à cause de toi, mon frère Jonathan.
Tu avais pour moi tant d'attraits!
Ton amour m'était merveilleux,
plus que l'amour des femmes.» (2 Samuel 1, 26)

David aurait donc connu tous les émois de l'attirance humaine. De Jonathan à Bethsabée, c'est le même David possessif qui se réveille. Plein de sensibilité et de tendresse. Capable de tuer pour satisfaire son amour égoïste. Et dire que ce même homme nous a laissé le merveilleux livre des Psaumes où je me reconnais dès le début. À croire que les tourments humains, même dans toute leur amplitude, mènent toujours à Dieu.

★

«Frères, pourriez-vous supporter que je sois un peu fou dans mes paroles? Oui, vous allez le supporter, à cause de mon amour jaloux qui est l'amour même de Dieu pour vous.» (II Corinthiens 11, 1-2)

L'amour véritable tiendrait donc de la folie? J'y crois chaque jour de plus en plus. De quels exploits inconcevables l'amour n'est-il donc point capable? Et l'amour de Dieu alors, de quoi ne peut-il point venir à bout depuis qu'il s'est fait homme et qu'il est sorti victorieux de la mort? L'amour de Dieu, dont Jésus est la parfaite synthèse, est une folie du Père. Plus je m'y noie, plus j'y trouve la vie. Plus je deviens fils.

Il m'a fallu plus de temps pour me détacher des êtres que pour m'en attacher. Ce qui est bien attaché ne se détache point facilement. Surtout quand il s'agit des mouvements du coeur. Le bonheur terrestre est lié indissociablement au détachement. Pour gagner le Royaume, le Christ n'a prêché rien d'autre. Notre dépossession assure notre salut. Dès ici-bas. Posséder l'autre dans la dépossession quotidienne et renouvelée de soi-même. Le Royaume est à ce prix. Une dépossession qui nous grandit. Un amour si dépouillé de soi que l'autre peut y prendre toute la place sans ne jamais craindre de déranger ou d'en prendre trop. N'avoir rien pour posséder tout. Je comprends la peur de mes contemporains devant l'encombrement dont nos vies sont pleines. Se laisser déposséder lentement comme la marée baisse pour rejoindre le fleuve. Une vie ne suffit pas. Les plus dépossédés se sentaient encore trop possédés. Trop attachés à la terre et à ses marchands de bonheur. Cela m'encourage de voir meilleurs que moi encore en recherche de purification et de radical don de soi. Le don de soi à l'autre rejaillit nécessairement sur soi. Ce que l'on donne de soi à l'autre, l'autre nous le redonne meilleur. Inépuisable mystère de la vie humaine. Presque le sosie de l'amour de Dieu. Le don donné est redonné. Transformé. Transfiguré.

Inépuisables trésors façonnés de la dépossession amoureuse de soi, pour autrui. Vous sauverez le monde.

Serait-ce que détaché, l'amour soit plus fort et plus durable que lorsqu'il est attaché? Paradoxe qui mène à l'affirmation en effet du détachement de soi comme centre de gravité de l'amour. Plus est haute la dépossession de soi, plus est haut aussi le centre de gravité de l'amour. Quelles bienfaisantes métamorphoses.

En rêve, j'aperçois une étoile pleurer. Pleurer parce qu'elle ne brille plus. Une étoile morte. Comme les coeurs déçus qui ne croient plus à l'amour.

★

Enterrerai demain matin — presque à huis clos — le corps d'un jeune homme qui s'est flambé la cervelle. Le suicide fait partie pour moi des énigmes dont seule la vie détient les vraies réponses. Espérons que demain, tout ne sonnera pas trop faux. Notre foi est si prompte à s'endormir. Tant de choses si peu essentielles, si éloignées du bonheur, nous retiennent. Saurai-je demain annoncer l'éternité?

J'imagine bien volontiers que ce jeune homme goûte déjà l'éternité bienheureuse. Seulement pour cela, il m'arrive d'envier son sort. «Éternité de délices.» Mais il me faut attendre. Construire mon bonheur sur cette terre en friche avec au coeur une immense espérance d'éternité. Que la nuit et le transport des anges m'inspirent.

★

«Je t'aime d'un amour éternel. Mon amour pour toi ne s'en ira jamais.» (Isaïe 43, 4)

Seul Dieu pouvait prononcer cela en vérité, sans tricherie. Ah! si je m'étais souvenu de ces paroles bienfaisantes à chaque fois que mon coeur s'est épris. J'aurais à coup sûr moins souffert.

★

«Personne n'a de plus grand amour que celui qui livre sa vie pour ses amis.» (Jean 15, 13)

Comment exprimer l'amour en si peu de mots que cela? Intransigeante plénitude du langage du Christ qui ne tolère aucune ambiguïté. Aucun détour.

Le discours de l'homme d'aujourd'hui est souvent trop subtil, trop détourné pour mener à bien. Seul le Christ a les paroles de la vie éternelle.

MOURIR EN DOUCE

En mon coeur grisonnant novembre
se lève un soleil de neige folle
Sur la tourmente de ma proue ouverte
Dansent mes fantasmes ahuris

Rien n'est à comprendre ici
tout se démantèle jusqu'à l'éclatement
Savoir profiter du bonheur qui passe
comme une trouée furtive de soleil errant

Tout s'écroule sous le spectre de mes rêves maculés
Pour avoir trop facilement cru au bonheur
l'amour se ligue pour me tourner le dos
Reconnaître sa vie craquée sur le sable mouvant qui tue

Lente agonie de l'élixir noyé de ses plus beaux matins
creusée à même les joies acquises de force
Inexplorable marche funèbre de la mort subite
approche ton front de glace que je le baise à mourir

Cueillir les fleurs de sa dernière saison
avec des doigts enflés que la mort déjà a bleuis
Revoir avec amertume les vides de sa vie
comme un artiste pleure devant l'infertilité de son talent

J'apprends provisoirement à cueillir la vie à même l'ombre
avec une douce sérénité qui m'étonne
Aurais-je franchi une sorte d'aura céleste
ou serait-ce les voix d'outre-tombe qui déjà m'endorment

«Vous étiez privés d'amour, mais aujourd'hui Dieu vous a montré son amour.» (I Pierre 2, 10)

Même après des millénaires, saint Pierre ne pouvait miser plus juste pour guérir mon coeur évidé.

★

Une jeune femme me demande les actes de naissance de ses trois enfants, pour remettre à son avocat qui travaille à son divorce. À chaque fois, la scène est déchirante. Elle m'a quitté les yeux mouillés après m'avoir dit que, malgré toutes les incohérences de son mari, elle l'aime encore. J'ai refermé la porte. C'est moi qui pleurais.

★

Les larmes sont à l'amour comme la mort à la vie.

★

Tout risquer pour sauver l'amour
Même sa propre vie...

★

Remuer l'amour comme les tisons d'un feu qui se meurt.

★

Écarlate
sur la falaise
un érable courtise la marée
avant de perdre ses atours
Les humains ne font pas mieux.

Mes mots voudraient t'offrir un bouquet d'immortelles beautés.

★

Tu me parles toujours de toi comme s'il s'agissait d'une autre personne. Aurais-tu donc peur de toi?

★

NOCES EN NOIR

Nue
de ta beauté nue
nymphe nocturne
unissons-nous
enivrons-nous
noçons
au nacre de la nuit naissante

★

«J'ai entendu le bruit de tes pas dans le jardin et j'ai eu peur parce que je suis nu, et je me suis caché.» (Genèse 3, 10)

Quand la nudité trouble, c'est que le mal s'installe. Bouleversante répétition du drame originel.

★

La nuit...
Te regarder comme on voit se lever la lune pour valser avec elle.
Seulement toi et moi dans un écrin de lune...

PRIÈRE

Retrouver au fond de soi
l'ardeur des gestes posés chaque jour
jamais tout à fait les mêmes
ni jamais tout à fait différents

Endosser sa fragilité
comme on dépouille un fruit
jusqu'au coeur
sans ne rien retenir
ni ne rien regretter
de ce qu'on donne
et de ce qu'on reçoit

Imiter les largesses de la vie
parée pour nous de toutes parts

La vie qui pleure
La vie qui rit
La vie qui hurle
La vie qui gagne
La vie qui réclame justice
à coups de mort

Profiter de la ferveur du présent
pour imprégner la vie du coeur
attendre sans souffrir
sans gémir
le temps promis
où la rencontre
surgira
forte du silence
des gestes attendus

Suspendre ma méfiance
au rire d'un enfant qui s'émerveille
de tout
et de rien
Unir ma confiance à la sienne
pour croire en Toi
quoi qu'il advienne
Amen!

★

MON PAYS

Mon pays a deux yeux pour voir son immensité
Mon pays a une bouche pour réconcilier les langues
Mon pays a deux bras pour construire sa liberté
Mon pays a deux pieds de géant pour fouler la neige et le blé
Mon pays a deux oreilles pour écouter les cris des sans-voix
Mon pays a quatre saisons pour accorder les couleurs de la peau
Mon pays a des forêts sauvages pour verdir les espoirs ternis
Mon pays a un fleuve majestueux et beau pour écouler ses flots
de tendresse

Mon pays a la ferveur de sa jeunesse en mal d'identité
Mon pays a des pas qui se suivent à perte de vue
Mon pays a un tronc énorme déjà tatoué de son histoire
Mon pays a la voix des artistes qui libèrent le rêve prisonnier
Mon pays a l'odeur de poésie puissante d'un enfant endormi
Mon pays a le coeur fier des domaines hérités des labours ancestraux
Mon pays a l'azur sillonné des longues ailes du désir migrateur

Mon pays a besoin du tien pour être lui

Mon pays c'est la Vie

PAIX

Arrêter la marche des étoiles
Explorer la marée basse
Exorciser la berge
Suspendre le temps
Croiser nos silences
Épouser la pureté du désir
Embrasser la mer dans l'horizon
Enfanter l'amour
Emprunter les ailes de l'aurore
Entendre se répondre nos silences
Rejoindre l'invisible
Unir nos solitudes
Libérer le rêve
Seuls

S'aider à goûter la paix
Comme un baiser
Fuir le bruit de la cité
Se fondre l'un dans l'autre
Dans la joie inaltérable du Beau

Côte à côte
Nous sauverons la Paix!

FÊTE

Mon coeur est le miroir de la promesse à venir
Il bat la joie des humains enfin réunis
Les races s'échangent leur couleur
Comme les enfants leur sourire de printemps

J'ai vu au loin le grand attendre le petit
Tendre sa main blanche et le relever de la fange
Faire avec lui le bout du chemin
Comme si le petit était plus grand que lui.

J'ai vu plus près s'ouvrir les portes verrouillées
Étalées comme une eau d'oasis au désert
Des mots de gestes couler en torrents débordés
Comme jadis l'espérance sur le premier jardin du monde

J'ai vu tout près des greniers remplis des semences du pardon
D'autant plus odorantes qu'il fut long à venir
L'homme veut repeindre sa vie à neuf
Écho du souffle primordial qui revient en force

J'ai vu aussi des migrations de peuples en guerre
Vivre et se trouver bien chez nous
Oubliant les fusils et les drapeaux en feu
Pour refaire leur vie à même les mailles perdues

J'ai vu sous le ramage des nuages effilés
Les mots de paix et de tendresse embrassés
À l'ombre brûlante du midi
Comme une braise d'or capture la Beauté

J'ai vu de partout les hommes mes frères
Comme un arc-en-ciel de mains ouvertes
Chargées de coeurs en promesses d'amour
Annoncer que bientôt la Lumière jaillira pour toujours

La paix a l'allure d'une jeune femme enceinte qui n'accouchera jamais.

★

Dans une université des États-Unis, on vote à soixante pour cent «oui» pour la «pilule suicidaire» en cas de guerre nucléaire. Entendre ces voix jeunes; voir ces visages à peine sortis de l'adolescence qui parlent si froidement du suicide ne me prépare guère au sommeil.

★

Un solo de violoncelle avec accompagnement de piano m'a fait rêver un moment que la paix du monde était là. Enfin établie. Je suis allé me coucher sur-le-champ. Lentement, pour ne pas brouiller mon rêve.
J'ai bien dormi. Sereinement. Paisiblement. Sitôt levé, la radio me parle de grève, de viol, de famine... Et voilà qui en est fait pour la paix du monde.

★

La paix du monde commence en soi. À me voir si tourmenté, personne ne peut douter que la guerre sévisse partout.

★

Quelqu'un vient d'entrer dans ma chambre. Mon indifférence l'en fait vite sortir. Je pense soudainement avoir fermé la porte sur Dieu. Trop tard!

Comme il nous en coûte de quitter nos fausses certitudes.

RÉVOLUTION

Hurler jusqu'à libérer l'inaliénable liberté
De gauche ou de droite ou de toutes les couleurs
aujourd'hui est déjà l'à-venir de demain
Ne plus supporter l'insoutenable inégalité qui progresse
Visions fugitives et inconsistantes d'une fausse compromission
cancer généralisé de nos consciences programmées d'avance
immenses ordinateurs où les mêmes sortent toujours gagnants
alors que tous les autres expirent avant d'avoir été

Hurler jusqu'à libérer l'inaliénable liberté
Impardonnable inertie de voir des enfants mourir sitôt nés
alors qu'ici nos chiens mangent et se reproduisent dans nos lits
aberrante illusion que le coeur ne frémit plus au-delà des mers
comme s'il oubliait qu'il aurait pu battre du mauvais côté
Entre les couleurs du guérillero et les clameurs de la famine
sophismes habiles où l'intelligence endurcit le coeur
n'est-il point normal que seuls gagnent les forts

Hurler jusqu'à libérer l'inaliénable liberté
Si tu étais affamé aux portes scellées d'un pays débordant
exténué de crier sans même qu'on ne semble t'entendre
Si ta femme enceinte d'un visage qui déjà ressemble à vos moitiés
arborait un ventre démesurément déformé en attente de mort
peut-être ton regard et les portes de ton pays s'ouvriraient-ils
Il n'est point de distances trop longues pour le coeur qui veut
Cessons enfin de feindre les vraies réponses et d'amour sauvons le monde

Hurler jusqu'à libérer l'inaliénable liberté
Celle à laquelle l'autre a droit autant que moi
Faire mourir pour toujours la mort injuste qui tue sans merci
Transmuer notre froideur indifférente en un feu qui s'étale
Rejoindre enfin le fond des choses sans peur de perdre de soi
Combien d'enfants sont morts par notre faute et pour notre perte
Poètes-Musiciens-Peintres-Artistes-Sculpteurs
Jour et nuit leurs yeux éteints me hantent de remords

Hurler jusqu'à libérer l'inaliénable liberté
Unir mon cri à ceux qui se lèveront un jour de victoire
Plus nombreux que jamais ensemble ils nous regarderont
de leurs corps encore difformes et répugnants
Sans mot ils condamneront nos abus et notre lâcheté
Comprendrons-nous enfin qu'il faut racheter leurs morts
La vraie révolution est au-dedans
Seul l'amour peut vaincre l'hécatombe

Hurler jusqu'à libérer l'inaliénable liberté
Hurler!

Impuissance de la rencontre à nous mener là où seul l'être peut nous ramener. Traîtres artifices qui, à trop faire miroiter le bonheur, nous en éloignent sournoisement. Tuer l'incertitude qui tue. Démasquer l'illusion. Intégrer la plénitude de son moi. Urgence de crier la totalité de son être. Puiser sa joie aux sources de ses ressources. Gagner ses racines. Rejoindre son fond. Le modèle original. Sans fissure. Sans vide. Sans autre attente que de se parachever soi-même. Au coeur de ses propres visions. Champ de blé en levure inépuisée. Rivière au lit d'étreintes enchanteresses.

Sortir des conventions qui tuent. Affirmer son unicité. Sans crainte. En vérité.

★

Je comprends mieux pourquoi il fait sombre en mon pays;
parce que les gens d'ici s'endorment sur leur conscience de bien nantis.

★

Ne rien craindre sinon la peur de ne pas assez remuer l'indifférence des coeurs endurcis.

Avoir plus raison qu'on ne le croit et moins tort qu'on ne le dit.
N'est-ce pas?

★

Soutenir au nom de la vérité l'intransigeance des regards qui tuent.

★

Libérer l'aveuglement des consciences endormies sous les décombres des illusoires conventions d'un monde clos.

★

Écrire au nom d'une transparence invisible qui ne tolère aucun des compromis d'une société qui refuse de se confronter à l'inédit.

PABLO

Le fleuve sort de son lit rouge-bleu
le rose suit vêtu de pure diaprure
la femme vierge étale ses rondeurs en cubes
inépuisable décor d'une fresque en perpétuel devenir

Recentrer ailleurs l'harmonie décentrée
réconcilier impunément les couleurs bannies
oser montrer la nudité essentielle du tout
sous la transparence audacieuse des parties

Croiser la toile à même la nature repeinte à vif
sous l'étonnement ébahi des regards feints
l'oeil se soûle à merveille de beautés déformées à merveille
l'oreille voit sourdre les nouvelles teintes de la liberté

Peindre ses tableaux au sommet de la violence de ses visions
crever l'enveloppe des convenances pour mieux exhiber l'essentiel
qu'importent les normes si l'Art y gagne
toute la quintessence de l'imaginaire éblouissant

Démesurer la mesure d'où rien de neuf ne s'enfante plus
semer seul le germe originel d'une créativité sans borne
immense stroboscope qui recompose les nuances inépuisablement
assez croire à l'insolite pour y miser toute sa vie

Réveiller la nudité du réel jamais-vu
varier à l'infini les composantes de sa folie insatiable
démiurge possédé par l'impérieuse obsession du Beau
où rien n'est jamais acquis pour de bon

Noyer dans les reflux de la forme la stérilité du confortable
au nom d'une force qui ira jusqu'au bout de sa course
au risque de retarder la reconnaissance de son talent
le génie défie le temps qui un jour le rendra immortel

Viens de visiter un malade dans une aile psychiatrique. Il me dit:«Ici, les gens sont simples et les contacts, faciles.»

En sortant dans la rue, je retrouve le monde de la normalité. Personne ne se parle. Chacun fait sa petite affaire.

★

LUCIDITÉ

Vivre
Consciemment
Sa mort
Chaque jour

LAISSEZ-MOI!

J'ai le corps couvert d'un abcès suppurant
que les ignorants jaloux m'ont soufflé
de leur haleine fétide qui sent la mort
un abcès qui gagnera mon coeur jusqu'à l'empêcher d'aimer

L'âme de mon violoncelle expire
Les touches de mon piano se dessèchent
La source claire en moi se pollue de vos sarcasmes ignobles
L'enfant enfin prêt à naître en l'homme
ne naîtra jamais plus

Laissez-moi vivre ma mort en paix
Laissez-moi mourir ma vie en paix
Laissez-moi rester moi en moi
Laissez-moi me continuer en vérité

Des lèvres de votre coeur perverti
coule un venin qui empoisonne mes racines
Vous avez si bien fait votre sale besogne
que ma vie libre et flamboyante étouffe

Vous avez tué en moi l'espoir et le neuf
les deux clés qui sauvaient mon amertume
Rien ne me reste plus pour vivre mes tourments
Vous avez tout englouti sous le gouffre froid de vos homicides
mensongers

Vous m'avez dépouillé de ma Folie
comme la rose de ses épines
Impossible de vivre sans sa folie
Ô folie vivifiante je meurs mais tu me survis

Défiguré par vos coups en pleine face
Déchiqueté par vos morsures en pleine chair
Mon visage mort revit
Ma chair inerte renaît

Mirage trompeur
vous avez cru en moi tuer la vie
ma mort l'a ressuscitée plus forte

Quoi qu'on fasse
on ne tue pas la vie
la seule
la vrai
Jamais

Au nom du Père et du Fils et du Saint-Esprit
Laissez-moi vivre ma vie en vie!

★

Heureusement pour nous
il s'est trouvé un homme vrai
libre
sans reproche
Sans lui, sur qui aurions-nous bien pu nous fier?

VIVRE

On m'a coulé à pic épave sans défense
comme un chien de ruelle battu pour rien
On m'arracha le coeur en feu en pleine poitrine
avec des mots de lave puante teintée de venin rouge

On juge on pointe on casse on flagelle méchamment
Ma défense est muette comme une mouette égorgée vive
Quoi que je dise passe pour pur délire
on ne veut plus m'entendre moi qui les entends tous

J'en ai trop de leurs discours à faire mourir
Leurs bouches méchantes achèvent ma torpeur
Pourquoi feindre l'amour le pardon et la paix
si c'est encore par un baiser qu'on mène le Fils de l'homme à la mort?

Mes jours sont des nuits blanches de sang
Mes yeux vides et secs comme des raisins moisis
Mes mains fermées pleines de parfums avortés
Mon coeur safran pleure ses dernières larmes bleues

Qu'il est étroit le canal qui oscille de l'amour à l'indifférence
Fragile boussole que mon coeur pointait naïvement au beau-fixe
Il fallut à peine quelques années à ma vie pour que le temps s'embrouille
Mon coeur de brume s'ébat comme un fou dans le brouillard hilare

Ma mémoire abîmée se souvient des discours débiles
Nuages d'opium en ma tête plus à moi
Combien d'innocents sont marqués coupables
Leur silence forcé un jour plaidera pour eux

Je veux vivre ma vie d'innocent-coupable jusqu'au bout
la vivre ouvertement pour tous ces millions d'assassinés-vivants
Je veux vivre ma vie avec ceux que la vérité a tués
Flambeau aux drapeaux du monde ma vie ressuscitera

La réponse immédiate des apôtres à l'appel de Jésus me stupéfie de grandeur et de révélation. Souveraine priorité de l'être sur l'avoir. «Laissant tout, ils le suivirent.»

★

À force de regarder le peu qu'il nous manque, on ne voit plus tout ce qu'on a. Mentalité du capitalisme, tout à l'opposé de l'Évangile qui nous invite à nous dépouiller de tout.

★

Le désir est insatiable
la possession vite assouvie.

★

La possession est égoïste. Ce qu'on possède ne nous a jamais appartenu. L'appartenance est dépossession.

Je m'émerveille devant la nouveauté des mots millénaires.

MARIE

Nom de vierge en cristal de rose
Choisie bien avant les mondes
En ton corps de femme à peine ébauché
Enceinte déjà
De lui...
De lui...

Nom de lys de neige bleue
Donné à toutes les femmes du monde
Tu as dit OUI sans détour à la Vie de ta vie
Si sûre déjà
De lui...
De lui...

Nom d'aquarelle aux douces nuances de blé et de vin emmêlés
Les champs se parent de ton odeur sacrée
Pour célébrer les noces de ta pauvreté
Si amoureuse déjà
De lui...
De lui...

Nom d'enfant éternel couronné d'aurore
Tes pieds flottent sur un nuage de douceur
Pour donner au monde le Prince de la Paix
Si forte déjà
De lui...
De lui...

Nom de verre taillé par la main du Père
Étincelant de feux aux mille soleils
Ton coeur en fontaine ruisselle d'Eau Vive
Si imprégnée déjà
De lui...
De lui...

Nom de parfum de printemps sur les semences en sillons
Embaume mon coeur trop endurci aux moeurs d'ici
Ton regard est douce-harmonie
Si émerveillée déjà
De lui...
De lui...

Nom d'oiseau drapé de soie blanche ornée de roses bleues
Tes ailes de Lumière couvrent notre monde en ténèbres
Lui redisent d'aimer l'autre comme celui en ton sein
Si vivante déjà
De lui...
De lui...

Nom de fleuve aux berges luxuriantes
Ton eau assainit tout ce qu'elle touche
La création s'illumine soudainement renouvelée
Si féconde déjà
De lui...
De lui...

Nom d'étoile-mère à l'azur de saphir
Ta Beauté belle d'innocente fraîcheur
Vient de ce que tu as dit OUI
Si convaincue déjà
De lui...
De lui...

Marie

★

Une dizaine de roses...
une dizaine de lupins...
une dizaine d'hibiscus...
une dizaine de glaïeuls...
une dizaine d'iris...
Quel parfum de chapelet cela ferait!

IRIS

Le lis à la hyacinthe:
«Je t'envie, tu es bleue.»
La hyacinthe au lis:
«Je t'envie, tu es blanc.
Marions-nous, tu veux?»

Douce nuit
Nuit de noces
Pluie de nuit

À l'aube
où tout dort encore
naissait l'iris

LIBÉRER L'L

Lueur languissante
L'horizon lisse
Laisse lentement
La longue lune
Longer l'ombre lumineuse
L'étroit labyrinthe
Liant les liasses lourdes
Linceul limpide
Lustrant la lumière luxuriante
Les lèvres livresques
Libèrent l'enfance ligotée

MOTIFS DE SAISONS

Terre humide
Humide de sève
Sève copulante
Copulante de soleil
Soleil de printemps

Terre humide de sève copulante de soleil de printemps

Ciel clair
Clair d'étoiles
Étoiles filantes
Filantes de feu
Feu d'été

Ciel clair d'étoiles filantes de feu d'été

Matin rouge
Rouge de feuilles
Feuilles volantes
Volantes au vent
Vent d'automne

Matin rouge de feuilles volantes au vent d'automne

Neige de drap
Drap de blanc
Blanc de vie
Vie dormante
Dormante d'hiver

Neige de drap blanc de vie dormante d'hiver

★

Dorment les feuilles d'automne d'orme.

MAMAN

Le premier mot qu'on dit sans savoir parler
assez pur pour que Dieu ose se nommer Fils
Puits débordant d'abondance des eaux d'avril
Un mot magique qui réveille l'enfance évanouie

Sans toi l'homme reste stérilement muet
comme si la vie naissait de la Parole
Le silence de ton nom suffit seul
à ranimer mes rêves de toiles inachevées

Point de danger quand tu es là
Le clair-obscur se drape de clarté
à croire qu'une nymphe céleste
me couvre de son écharpe-en-ciel

Mes premiers pas poursuivent l'adulte
Jour après jour ta main me recueille
Qui pourrait sans rougir
dire qu'il n'a plus besoin d'elle

Plus je vieillis plus je répète ton nom
Le jour et la nuit se l'échangent par coeur
le signent sur moi comme un sceau
cristal sonore où l'ombre fusionne la lumière

Voile d'ivoire gonflé de toutes les beautés du monde
Parfums de couleurs en fleurs enrobés de musique
Poème aux mille visages uniques
Capable pour moi de toutes les folies d'amour

Bras en berceau bordé de tendresse donnée
redonnée de don toujours à donner
comme un platane d'automne étale ses dorures
ton coeur s'effeuille à toujours battre pour deux

Grâce à toi l'enfant couvrira toujours assez mon coeur
pour crier au monde qu'il finira d'amour
Neuf mois de symbiose à gonfler ton sein
m'ont initié aux mots du silence

MES PRÉFÉRENCES

Je préfère mon innocence à leur allure de bonne conscience
Je préfère ma fragilité à l'inanité de leur violence
Je préfère mes interrogations à leurs réponses toutes faites
Je préfère ma solitude à leur liaison d'étrangers
Je préfère ma naïveté à leur raison qui explique tout
Je préfère ma différence à leur conformisme étouffant
Je préfère mon silence à leurs discours sans mot
Je préfère ma souffrance à leur trompeuse fébrilité
Je préfère ma lucidité à leurs illusions de bonheurs faux
Je préfère ma pauvreté à l'opulence stérile de leurs biens
Je préfère mon être à l'impuissance de leur avoir
Je préfère mon désir à leur hantise insatiable du pouvoir
Je préfère la pénombre à leur hideuse supercherie de travestir la lumière
Je préfère ma latitude à la rigidité de leurs normes
Je préfère ma faiblesse à leurs forces capables de tuer pour gagner
Je préfère ma confiance à leur méfiance calculée
Je préfère ma liberté à la servitude de leur cri
Je préfère ma perte à leur victoire sans effort
Je préfère ma vie à leur duperie qui sent la mort

Mes préférences
préférables
auront un jour
raison de tout

Renaître ici avant qu'il ne soit trop tard.

Recherché: un extérieur d'homme avec un intérieur d'enfant.
En échange, je donne tout.

★

Où avons-nous diable enfoui l'innocence pour qu'un regard d'enfant ne nous émeuve plus?

★

L'enfance déracinée...
L'enfance avortée...
L'enfance défigurée...

J'ai cherché au fond du ruisseau
J'y ai trouvé l'enfance.

★

«Et on présentait à Jésus des enfants pour qu'il les touche, et les disciples les menacèrent...
Et Jésus, serrant les enfants dans ses bras, les bénissait tous en posant les mains sur eux.» (Marc 10, 10. 16)

Jésus enveloppe l'enfance de ses mains, de ses bras, de son coeur. Les disciples ne comprennent encore rien. Comme nous qui comprenons souvent trop tard. Et qui pourtant avons entendu ces paroles depuis bien longtemps.

Et Dieu baisa l'enfance.

★

Immense gratuité des nuances du présent. Somptueuse multiplicité des formes d'aujourd'hui. Immense effervescence de l'enfance en genèse. Subtile incandescence du regard transfiguré. Éternelle gestation du regard purifié. Désarmante puissance de la nudité originelle.

L'ENFANT-D'YEUX

Sortis de leur sommeil de nuit
aux visions d'enfance recréée
mes yeux d'aube empruntent leur regard de jour
à l'empreinte d'une étoile oubliée
si petite à soutenir seule le seuil du matin

Ses compagnes de veille l'ont laissée là
épave d'or en attente de crépuscule
parties pour d'autres nuits
suppléer au jour
la laissant seule me fredonner
un prélude d'enfant immortel
achevé sur une fugue en bourgeons de soleil

Yeux des passants qui passent
sans s'arrêter
sur rien ni personne
Yeux d'étudiants savants
qui ne voient plus rien
Yeux d'adultes gavés
qui ne s'étonnent plus
Yeux rouges-mouillés d'adolescents
en douleur de sauver l'enfant-d'yeux
qu'on assassine en eux à petit feu

Les yeux que j'ai vus en plein jour
ne m'ont point vu

Des yeux sans regard
Des yeux déjà morts

Serait-ce donc en la nuit
peuplée de visions débordantes
que jaillit la lumière
et que sortent de leur tombeau mes yeux-en-source

Un certain jour en Galilée
deux yeux-aveugles s'ouvrent
Miracle de lumière

Regard d'enfant aux yeux-adultes
Un jour peut-être

Un jour un homme au regard d'enfant
fait renaître les yeux du monde
Approche tes yeux des siens
L'enfance regardée
ouvrira tes yeux fermés

Alors
l'enfant de toujours
renaîtra dans tes yeux

★

Je me refuse à simplifier ce qui est complexe en compliquant ce qui est simple.

Mon rêve s'achève toujours par un feu
un feu de braise
Sous les tisons rouges
un enfant crie
un enfant pleure
un enfant se meurt
atrocement de n'être.

★

Un regard me poursuit
jour et nuit
obstinément
Le mien...

★

Voir de l'intérieur. À la manière d'un aveugle. Est-ce possible?
Comme je le veux!

★

Crever l'opacité de ma transparence.

Un enfant a voulu se lever sur le monde et le couvrir de regards. Nos regards à nous l'ont tué...

★

En fermant doucement les yeux, j'entrevois côte à côte un enfant qui danse et un enfant qui meurt.

★

Faire mourir des enfants et prolonger indûment la vie de ceux qui empoisonnent celle des autres. Quelle logique que celle de Dieu! Rien à comprendre. Tout à croire.

★

Entre l'enfant d'hier
et l'enfant de demain
l'adulte en moi détonne.

TES YEUX

Givrés de larmes de joie tes yeux me cernent de scintillements d'automne
Tes pupilles dilatées libèrent les rêves de mon enfance verrouillée
Papillons étincelants aux ailes en cils de ciel
Battant de jour et de nuit pour ne rien perdre du temps qui fuit

Gondoles de vagues vertes à lueur de lune noire
Ultime appel de mes espoirs tordus d'attentes vaines
Miroirs chatoyants aux doux reflets des éternelles saisons
Tes yeux me subjuguent autant qu'ils me noient de leur subtile beauté

Je n'ose point croire que ces yeux toujours ouverts un jour vont se fermer
Je me souviens du soir sàns lune où tes yeux ont croisé les miens
Il m'a semblé que tous les regards du monde s'y conjuguaient
Chacune de tes pupilles avait un nom: Enfance et Paix

Tes yeux me rassuraient de tout sans parler
Combien d'exploits ne m'ont-ils point fait faire
Regarder tes yeux à la tombée du jour me rendait fou
Le soleil couchant les imbibait de la bienfaisante chaleur de l'échange

Cette nuit à la lueur des étoiles nues j'ai rêvé
Tes yeux me regardaient à m'arracher le coeur
Nous nous émerveillions de la puissance de nos regards échangés
Puis vint la pureté d'une dernière étreinte et ensemble nos regards se sont éteints

Les aveugles voient...
Les sourds entendent...
Les muets parlent...
Bien mieux que moi...

★

J'ai vu un enfant ne plus croire aux réponses qu'on lui donnait. Il était déjà devenu une «grande personne». L'innocence et la simplicité avaient cédé la place au doute et à la suspicion.

Faire de sa vie un casse-tête dont la mort détient le dernier morceau.

ÉCRIRE

Écrire sans ne rien retenir des mots que je donne
Écrire largement comme l'air de la mer se respire
sans ne jamais entraver la liberté qui s'expose
au risque de tout perdre à se donner trop

Écrire pour réanimer l'enfance noyée
qui flotte encore de s'être battue pour rien
comme une larve qu'une main meurtrière écrase
sans lui donner aucune chance de devenir papillon

Écrire simplement pour étonner ou pour ouvrir les écluses
Goûter suavement ce que l'habitude a affadi
Écrire sans prétention de plaire ou de réussir
Écrire tout simplement pour mieux survivre

Écrire pour préserver du bruit un espace de silence
à l'abri des futiles occupations humaines
Écrire pour réapprendre la clarté des mots
dégagée de la lourdeur du temps perdu

Écrire pour refaçonner l'image dénaturée
comme on fait d'une étoile enfouie sous les retouches
Écrire pour faire assez mal pour qu'on vomisse
tout ce qui ne peut sortir autrement

Écrire pour éblouir les yeux des voyants aveugles
Extraire l'inédit du geste maintes fois posé
Creuser un passage où la poésie transfigure le réel
Mener ailleurs ce qui n'est jamais allé plus loin qu'ici

Écrire pour prolonger sa finitude
immense partition aux mouvements d'éternelle liberté
Secouer le réel pour extraire la vérité dépouillée du superflu
Capturer le monde en lettres de paix enfin rassasiée
Écrire pour suppléer à l'impuissance de la parole dite

Soustraire à la corruption le secret qui veut rester
Dérober à l'innocence son voile de clair-obscur
Dégager le présent de la mémoire du passé qui tue

Écrire pour imprégner en soi l'équilibre des saisons
quadruple métamorphose de la vie qui s'installe
Réveiller la certitude de l'unité en mal d'attendre
Embrasser de douceur la violence qui cède

Écrire pour mieux décrire son obsession de pureté
vision habitée du retour du paradis perdu
Folie d'exprimer ce qui tarde trop à venir
et que le coeur n'en tient plus de ne garder que pour lui

Écrire plus distinctement les mots répétés sans écho
Graver le bonheur à la racine de l'être-à-venir
Ensemencer d'espoir les rêves jamais nés
Poursuivre la lumière qui veut crever le brouillard obstiné des conventions

Écrire en encre de source la beauté limpide du moi
singulière reproduction de l'amour incarné
Joncher de joie les parois de l'amertume amère
Réchauffer de couleurs en feu le désir qui vacille

Écrire avec ardeur les plus vieux mots du monde
imbibés encore du doux parfum des premières visions
Annoncer pour aujourd'hui le bonheur promis
avec des mots d'enfant sur des lèvres refleuries

Mes mots sont loyaux et cherchent vaille que vaille la pureté sous toutes ses formes. L'image est-elle sensuelle, envoûtante? Alors la réalité qu'elle éveille sera mieux saisie, plus circonscrite. Savoir dépasser la simple juxtaposition des mots pour accueillir le don qu'elle nous fait de parvenir à plus de connaissances sur soi et sur l'autre. Ma poésie est un pont. Entre mon mystère inaliénable et celui d'autrui s'écrit une histoire éminemment semblable autant que différente. Histoire que la puissance extraordinaire des mots essaie de traduire le plus adéquatement et le plus fidèlement possible. Et, selon moi, Dieu se rencontre là. Dieu va au-delà des images. «Il est». Éternel présent qu'aucune formule ni aucune image ne pourront jamais circonscrire. Mais comprendra-t-on jamais cela? Dieu est autre. Le Tout-Autre. La vraie poésie gagne toujours. Peu lui importe quand. Elle gagne. Que poussera-t-il donc de neuf si la censure se mêle de tout et de rien? La poésie qu'on condamne aujourd'hui survivra demain. N'a-t-on pas tué le Verbe? Et n'est-il pas sorti victorieux de la mort et de la calomnie?

★

«Dans le monde vous aurez de l'affliction, mais courage!
Moi j'ai vaincu le monde.» (Jean 16, 33)

Il fallait assurément que le Christ fût Dieu pour vaincre à jamais les tentations du monde. Désormais, même les virtualités du mal se sont évanouies. Courage donc!

★

De la naissance à la mort s'étire notre propre solitude. La rencontre de l'autre, même dans la communion la plus intime, n'est là que pour nous aider à assumer notre propre solitude. Notre mystère unique et intraduisible.

Genèse. J'y retrouve les éternels recommencements de ma vie
et de mon histoire.

★

«Votre pensée vous a égarés loin de Dieu; une fois convertis, mettez dix fois plus d'ardeur à le chercher.» (Baruch 4, 28)

Paroles tranchantes comme une épée. Le converti est une lumière ardente, un flambeau qui fait tout, absolument tout, pour ne rien perdre de la Lumière du Christ. Quel appel prodigieux et exigeant est lancé au converti. À moi!

★

Convertir mon coeur comme on convertit une fraction; jusqu'à ce qu'on n'y puisse plus rien.

Je reviens d'une journée où, à la demande de notre archevêque, tous les prêtres étaient invités. Le thème de la journée: unité de la vie et du ministère. J'y ai vu plus de crânes chauves que garnis. Les jeunes prêtres sont nettement minoritaires et les vieux ne seront pas immortels. Le conférencier fut très intérieur et très réaliste. Il parle de centration, de décentration, de recentration. Trouver son centre. Le recentrer en Jésus. Le décentrer sur les autres.

Durant les pauses, de jeunes confrères me font part de leur intimité et de leurs souffrances cachées. J'y sens beaucoup d'angoisse, beaucoup d'interrogations. Le prêtre est tourmenté. Il a un indéfinissable besoin de tendresse et de réciprocité. En trente minutes, j'ai eu l'impression d'en savoir soudainement beaucoup plus sur certains confrères que tout ce que m'avaient révélé trois ou quatre ans de séminaire. Serait-ce donc que la vie rapproche les êtres d'une manière extraordinairement intime et que la souffrance partagée creuse entre nous une communion jusque-là ignorée?

Je chanterai une messe uni à toutes ces souffrance portées dans la solitude et la crainte d'être rejeté ou incompris de l'autre si on les avouait. Avant de quitter l'assemblée, d'un regard rapide, je survolai tous ces hommes consacrés au Seigneur et, soupçonnant l'immensité de souffrances que tous ces coeurs avaient à porter, je m'émerveillai à la fois de leur fidélité malgré tout et de la miséricordieuse tendresse de Dieu à l'égard de ses prêtres.

★

Je donne l'homélie aujourd'hui. Sentir en ses faiblesses le jaillissement de la force et de la toute-puissance de Dieu. Je le dis en vérité. Ce ministère de la Parole est chaque fois pour moi la preuve irréfutable qu'en ma chair et qu'en mon coeur, seul Dieu peut faire sortir et éclater aussi puissamment sa Bonne Nouvelle d'un être aussi fragile et instable que moi.

Le ministère de la Parole m'a valu chaque fois de vérifier dans ma vie les preuves de l'existence de Dieu, preuves que la raison s'obstinait à me démontrer qu'elles étaient convenables. Raisonnables.

Comme mon coeur porte aujourd'hui plus intimement et plus loin tous ces beaux raisonnements d'hier...

JAMAIS

Des mots criés gémissent en moi l'enfance
au rythme d'une épave à la merci du vent qui la noie
des cris qu'on ne veut point entendre
qu'on veut tuer à la racine
Des cris trop vrais
trop forts
trop puissants
pour que tienne l'intolérance de leur regard borgne

Des cris que la normalité veut étouffer
avant qu'elle ne s'étouffe elle-même
une dernière fois

Culpabiliser l'innocence
Souiller la beauté
Suspecter la tendresse
Creuser ma tombe à froid
à même les mensonges dont on me harcèle

Jamais!

Asservir ma liberté
aux charmes trompeurs de leur duplicité
Perdre à jamais mes rêves créateurs
dans la monotonie du temps perdu
du temps volé
sans voler
comme une colombe qu'on apprivoise
en lui coupant les ailes

Jamais!

Rester contre
Décaper les couches imposées
Changer la route
Sortir des sentiers battus
Trouver en moi-même la vérité qu'on m'impose
la vérité qu'on me cache

Ne plus endosser les supercheries
d'un monde vil
qui défigure mon visage
et a déjà assez ridé ma liberté

Captif d'une société qui prétend me mener au bonheur
alors que je vois et entends gicler de partout ses chaînes meurtrières

Jamais!

★

Naître au lever d'un soleil brûlant
Grandir en voulant vieillir trop vite
Souffrir à perdre presque sa joie
Travailler à la sueur de son front
Mourir abandonné dans un hospice de fortune
Pauvre homme!

★

«Mon coeur et ma chair crient de joie vers le Dieu vivant.» (Psaume 84, 3)

Le coeur, la chair, la joie tout orientés vers Dieu. David est donc enfin parvenu à trouver en Dieu tout son équilibre d'homme. Quel encouragement personnel j'y vois. Ne point diminuer l'ardeur de ma lutte.

★

Pour battre si fort, la souffrance doit bien avoir du coeur malgré tout.

★

Serait-ce depuis que le Verbe s'est fait chair que les mots ont pris tout à coup une telle puissance de communion?

Chaque automne l'arbre de mon coeur rougi se dénude
Une immense tendresse monte des rives du silence
Comme un noyé roule son sang entre les eaux
Mon amour épuisé se berce aux chants des certitudes inavouées

Dansent mes rêves d'éternel enfant qu'on veut faire taire
Surgissent mes visions de liberté qu'on veut enchaîner
Renaissent mes espoirs d'égalité qu'on veut étouffer
Bondissent mes élans de pureté qu'on veut souiller

Épave titubante sur une mer polluée
Mon coeur à nu risque sa vie restante
Pour lever les voiles amères de la supercherie
À battre à tout rompre mon coeur meurt comme blé en terre

Alors renaît l'inépuisable fécondité du jardin primordial
Argile neuve pour remodeler l'homme vierge
Puissant sommeil pour réengendrer le couple géniteur
Mon coeur éteint rallume l'espérance du monde.

VOIR DIEU

Regarde s'unir en toi les voix distinctes de ton passé simple
regarde se croiser en toi les lierres de joie en liesse
regarde pleurer en toi la rosée riante et riche
regarde lever en toi l'impossible levure luminescente
regarde danser en toi les flammes déchaînées des étoiles de terre
regarde s'arrêter en toi le temps enfin exorcisé
regarde s'altérer en toi les assoiffés de la faim du monde
regarde s'arracher en toi les enfants des parents désunis

Alors tu verras Dieu

Père!

Écoute jouer en toi le quatuor des saisons uniques
écoute résonner en toi le regard insoutenable des terres prisonnières
écoute battre en toi le rythme captif de la source à sauver
écoute fleurir en toi l'arc-en-ciel en promesses de Vie
écoute verdir en toi l'espérance féconde des faibles
écoute s'ouvrir en toi les mains des visages fermés
écoute supplier en toi le cri tenace des opprimés
écoute battre en toi le coeur de ceux qui meurent

Alors tu verras Dieu

Fils!

Apprends à épouser en toi les noces du jour et de la nuit
apprends à reconnaître en toi la générosité de la mer
apprends à panser en toi les couleurs de la peau blessée
apprends à soutenir en toi le rythme des silences trop tus
apprends à vêtir en toi l'innocence de l'enfance nue
apprends à étaler en toi les fleurs d'une paix de première neige
apprends à pleurer en toi la souffrance et la joie des autres
apprends à nourrir en toi l'éternité qui déjà te porte

Alors tu verras Dieu

Esprit!

Écrire pour se sentir responsable de tous ceux et celles qui n'écriront jamais. La poésie est source. Surgissement de tout ce qui, sans elle, ne verrait jamais le jour. Impossible au vrai poète de se taire. Il doit parler. Même au risque de tout perdre. Le Christ est poète. Il est mort de l'avoir été en vérité.

★

Si bien décrite soit-elle, l'expérience humaine restera toujours intraduisible. Incommunicable.

Malgré tout, je sens que mes mots trouveront audience. Des mots entreront dans la mémoire et dans la conscience. Des mots de jour. Des mots de nuit. Des mots de toi. Des mots de moi. Des mots de nous. Des mots d'espoirs qui luisent comme l'éclat d'un enfant venu d'ailleurs. Venu de loin. Là où les mots se consument d'amour.

Tout est fugitif. Factice. Fuyant comme l'eau indomptée. Inachèvement de la course humaine insatisfaite. Bribes de bonheur jamais conquis. Éternelle attente du silence qui dirait tout. Dupe tromperie d'une fausse complicité. Inachèvement de l'homme en mal de désir. Dérisoires subtilités des inventions de l'ombre. Incomplétude de la condition humaine. Tout est à refaire. Recréer l'homme. Loque de désirs déçus. Noyés. Avortés. Retirés.

Il est grand temps que l'homme se reforge. Seul de sa solitude pleine. Nu de sa liberté étalée. Fort de son innocence retrouvée. S'unir à la nature qui nous a sortis d'elle. Mourir en elle.

Il est temps maintenant de me taire.
Me taire pour que mes mots rejoignent ton silence.